GOUVERNEMENT GÉNÉRAL DE L'ALGÉRIE

DIRECTION DE L'AGRICULTURE, DU COMMERCE ET DE LA COLONISATION

SERVICE DU TRAVAIL

LES LOIS OUVRIÈRES ET LES INSTITUTIONS SOCIALES EN ALGÉRIE

ALGER
IMPRIMERIE ORIENTALE FONTANA FRERES
3, RUE PELISSIER, 3

1922

GOUVERNEMENT GÉNÉRAL DE L'ALGÉRIE

DIRECTION DE L'AGRICULTURE, DU COMMERCE ET DE LA COLONISATION

SERVICE DU TRAVAIL

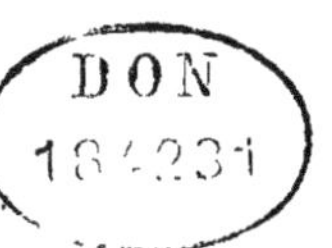

LES LOIS OUVRIÈRES

ET LES

INSTITUTIONS SOCIALES

EN ALGÉRIE

ALGER
IMPRIMERIE ORIENTALE FONTANA FRÈRES
3, RUE PELISSIER, 3

1922

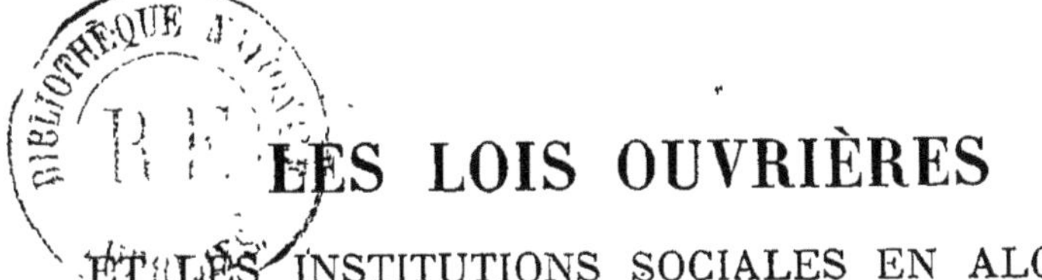

LES LOIS OUVRIÈRES

ET LES INSTITUTIONS SOCIALES EN ALGÉRIE

L'application à l'Algérie des lois relatives à la protection du travail et à l'amélioration de la condition des travailleurs constitue, en l'état actuel de l'industrie et de la main-d'œuvre algériennes, un problème délicat.

Cette extension du domaine législatif français ne peut, en effet, avoir pour but une assimilation étroite et rapide à la Métropole ; elle doit être, au contraire, poursuivie par étapes, de manière à apporter le moins de troubles possible dans l'industrie et le commerce algériens ; elle exige, en outre, certaines modalités, une adaptation prudente, en raison des conditions spéciales de la Colonie et de la concurrence que fait à l'ouvrier français la main-d'œuvre étrangère.

Il faut, notamment, tenir compte du fait qu'en Algérie les travailleurs comprennent, à côté de l'élément français d'origine, un groupe compact d'indigènes ayant sa mentalité propre et une constitution familiale particulière, et un nombre important d'immigrés étrangers, venus pour la plupart de l'Italie et de l'Espagne, d'une éducation un peu fruste et souvent inaptes à comprendre la véritable portée des questions sociales.

Il résulte de ces différences de milieux et de populations que le législateur est généralement dans l'obligation d'apporter aux textes législatifs en vigueur dans la Métropole, lorsqu'il veut les étendre à la Colonie, des modifications qui touchent, sinon leurs principes, du moins les conditions dans lesquelles ils devront être rendus exécutoires.

L'étude qui suit aura un caractère purement descriptif. On n'y trouvera ni discussion de principe, ni commentaire étendu de la législation ouvrière appliquée à la Colonie, mais seulement une revue des lois et institutions sociales existant dans ce pays au début de l'année 1922. Cette brochure n'a d'autre but que de donner au lecteur un aperçu très général sur ce qui a été fait en Algérie dans le domaine social.

Il convient de signaler, au surplus, qu'elle n'a pas le caractère d'un texte officiel et qu'on ne saurait, par conséquent, invoquer, dans une action judiciaire, les interprétations qu'on pourrait y trouver.

Les Lois ouvrières et la Réglementation du Travail.

Conventions relatives au Travail. Hygiène et Protection des Travailleurs.

C'est en 1895 que s'est posée pour la première fois la question de l'application à l'Algérie des lois qui réglementent le travail en France. Il ne s'agissait, alors, que de rechercher si la loi du 2 novembre 1892, relative au travail des enfants, des filles mineures et des femmes, ne pourrait pas être appliquée, avec certains tempéraments, dans les établissements industriels de la Colonie. Le Gouverneur général, consulté, émit, d'accord avec le Conseil de Gouvernement, un avis défavorable. Cet avis était principalement fondé sur des considérations tirées de la diversité ethnique de la population de ce pays, de son climat et de l'état de son industrie. Le Comité des Arts et Manufactures et la Commission supérieure du Travail estimèrent, au contraire, qu'il était possible d'appliquer la loi, en lui faisant subir les remaniements nécessaires. L'étude de cette question, provisoirement ajournée, fut reprise en 1899, sur la demande des Bourses du Travail d'Alger et de Constantine, et aboutit au *décret du 21 mars 1902,* qui a rendu exécutoires en Algérie, sous réserve de certaines modifications, les dispositions concernant l'hygiène et la sécurité des travailleurs dans les établissements industriels et les mesures de protection spéciales à l'égard des enfants, des filles mineures et des femmes (1). *Le contrôle était assuré par le Service des Mines.*

La Commission consultative du Travail, dans sa première session tenue en 1904, demanda que certaines modifications

(1) Trois décrets, portant la date du 21 mars 1902, ont réglementé les conditions du travail dans les marchés de travaux publics ou de fournitures passés en Algérie au nom de l'Etat, des départements, des communes et des établissements de bienfaisance, sur les mêmes bases que les décrets métropolitains correspondants du 10 août 1899.

fussent apportées au décret de 1902 et, sur la proposition de l'Administration algérienne, ce texte fut remplacé par le *décret du 1er mars 1905.*

Le texte abrogé ne soumettait à la surveillance des ingénieurs et des contrôleurs des Mines que les établissements industriels, usines, manufactures, chantiers ou ateliers et, pour le travail des enfants, les mines, minières et carrières ; le nouveau texte a étendu cette surveillance aux établissements commerciaux et, d'une manière générale, à tous les établissements auxquels la jurisprudence n'avait pas reconnu, tout d'abord, un caractère industriel suffisamment marqué pour les soumettre à la réglementation du travail.

Tandis que le décret de 1905 n'édictait que certaines mesures nettement définies, un *décret du 5 janvier 1909* a rendu applicables à l'Algérie quinze lois ou décrets qui constituaient la réglementation ouvrière de la France européenne, et on peut dire, en somme, que c'est de 1909 que date réellement l'application à l'Algérie des lois sociales ; le contrôle en fut alors confié à des inspecteurs du Travail, comme dans la Métropole.

La Commission Consultative du Travail.

Lorsque le Conseil supérieur du Travail a été organisé dans la Métropole (1), l'Administration algérienne examina la question de savoir si, du moment que les différents groupements pouvant prendre part à l'élection des membres du Conseil supérieur étaient constitués en Algérie, il n'y avait pas lieu de les appeler à élire des délégués patrons et ouvriers en vue de faire représenter au sein de cette assemblée les intérêts des industriels, des commerçants et des travailleurs algériens. Mais il est apparu que la différence de situation entre la France et l'Algérie, aux points de vue du développement industriel, de la nature et de l'origine de la main-d'œuvre, de l'état comparé de la législation ouvrière, etc., s'opposait, à cet égard, à une assimilation complète avec la Métropole.

---

(1) Décret du 14 mars 1903.

Il ne fallait pas, cependant, en conclure que l'Algérie devait rester indifférente à l'évolution sociale qui s'accomplissait dans la Mère-Patrie et rien, au surplus, n'empêchait de réaliser une adaptation des rouages administratifs de la Métropole aux conditions spéciales de la Colonie.

Aussi un arrêté du Gouverneur général a-t-il institué en Algérie, le 17 octobre 1903, une *Commission consultative du Travail.*

Cet organisme est chargé de donner son avis sur l'application des lois et règlements concernant le travail, l'hygiène et la prévoyance sociales, de veiller à cette application, d'étudier la condition des travailleurs, les rapports entre patrons et ouvriers.

Elle prend connaissance des documents et des statistiques qui servent de base à ses travaux ; elle peut demander des compléments d'enquête, signaler les faits qu'elle a observés, les abus qu'elle a constatés et présenter toutes suggestions sur les réformes qui lui paraissent devoir être apportées au régime existant. Elle peut aussi, à la demande du Gouverneur général, donner son avis sur les causes et les circonstances d'une grève ou d'une coalition patronale, de même que sur les mesures de nature à remédier au chômage des ouvriers.

La Commission consultative du Travail, placée sous la présidence du Gouverneur général, comprend vingt-sept membres ; des fonctionnaires ou des personnalités capables de prêter une collaboration utile à la Commission peuvent être appelés, par le Gouverneur général, à prendre part à ses travaux.

Cette assemblée se réunit, en général, une fois par an en session ordinaire, mais le Gouverneur général peut également la convoquer en réunion extraordinaire chaque fois qu'il le juge nécessaire.

Depuis 1904, la Commission consultative du Travail a eu à examiner tous les projets établis par l'Administration en vue de l'application des lois sociales à l'Algérie.

Un arrêté du 26 janvier 1922 a réorganisé la composition et le fonctionnement de cette Commission.

L'Inspection du Travail.

L'extension des lois sociales à l'Algérie devait avoir pour corollaire la création d'un service chargé de contrôler l'application des prescriptions légales concernant l'hygiène et la sécurité des travailleurs.

Cette création, qui avait été demandée à diverses reprises par la Commission consultative du Travail, a été décidée par les Délégations financières et le Conseil supérieur de Gouvernement dans leur session ordinaire de 1906 ; un arrêté du Gouverneur général, en date du 11 janvier 1909, a organisé en Algérie le Service de l'Inspection du Travail.

Ce service est dirigé par un inspecteur divisionnaire en résidence à Alger et placé sous l'autorité directe du Gouverneur général. Il comprend trois inspecteurs départementaux, dont la compétence s'étend respectivement sur chacun des trois départements de la Colonie et, depuis 1910, une inspectrice du Travail, en résidence à Alger, qui assiste les inspecteurs départementaux dans la surveillance des établissements industriels ou commerciaux où prédomine l'élément féminin.

Les inspecteurs départementaux et l'inspectrice sont recrutés au concours. Le concours est ouvert à Alger suivant les vacances et comporte, comme dans la Métropole, des épreuves écrites, orales et pratiques, portant sur la législation sociale, le droit civil et le droit pénal, l'hygiène, la mécanique et l'électricité industrielles. L'inspecteur divisionnaire est choisi par le Gouverneur général parmi les inspecteurs départementaux de 1re classe ou hors classe.

S'inspirant des idées directrices qui ont présidé à l'organisation du Service de l'Inspection, les inspecteurs s'efforcent de faire admettre les lois sociales par la persuasion et de n'user de la répression que là où ils se heurtent à une mauvaise volonté manifeste ou à une inertie voulue, qui paralyse leur action. Dans les établissements importants, l'Inspection a rencontré, sauf de très rares exceptions, un réel désir d'améliorer les conditions d'hygiène, de sécurité et même de bien-être des travailleurs.

L'accueil réservé aux observations de ce service, dans la majorité des établissements visités, s'est traduit, sans qu'il ait été besoin d'appliquer des pénalités, par une amélioration progressive des installations industrielles et commerciales de la Colonie et par une diminution consécutive de la morbidité ouvrière.

En vertu des prescriptions des articles 95 et 97 du livre II du Code du travail, les contrôleurs des Mines assurent le service de l'Inspection dans les mines, minières et carrières et la surveillance des appareils à vapeur.

Le Service des Mines est chargé, en outre, du contrôle des chemins de fer, à l'exception, toutefois, des ateliers de construction et de transformation, qui restent soumis à la surveillance des inspecteurs du Travail.

Enfin, conformément aux dispositions de l'article 7, § 2, du décret du 5 janvier 1909, les inspecteurs du Travail sont chargés, en Algérie, concurremment avec les officiers de police judiciaire, de contrôler l'exécution des prescriptions du décret du 21 janvier 1890 et de la loi du 8 août 1893 sur le séjour des étrangers, rendues applicables à la Colonie par *le décret du 7 février 1894*.

Le Repos Hebdomadaire.

Un *décret du 21 janvier 1909* a rendu applicable à l'Algérie la législation métropolitaine sur le repos hebdomadaire.

Au moment de son entrée en vigueur, cette nouvelle réglementation a été acceptée sans difficultés par l'ensemble des employeurs européens ; à diverses reprises, même, des vœux ont été émis par les organisations ouvrières et certains groupements patronaux en faveur d'une plus stricte application de la loi. Mais le service chargé de contrôler l'application de cette législation a rencontré une certaine résistance de la part de l'élément israélite ou plutôt d'une partie de cette population et des négociants mozabites. Si un certain nombre de négociants israélites se sont soumis à la loi et si, parmi eux comme parmi les employés de même origine, il s'est produit un courant en faveur de l'observation de la réglementation métropolitaine, l'Inspection du Travail a dû lutter chez d'autres contre une mauvaise volonté évidente.

Lors de la discussion de la loi au Sénat, le législateur s'est prononcé, malgré la pétition des communautés israélites, pour la fixation du repos au dimanche, jour unanimement adopté par tous les pays. Le Conseil d'Etat s'est également refusé à entrer dans des considérations d'ordre religieux pour l'octroi des dérogations. Dans ces conditions, toute résistance purement confessionnelle à l'application de la loi heurtait de front la volonté nettement manifestée par le législateur.

La règle que s'était imposée l'Inspection du Travail de ne recourir à la répression que là où la persuasion échouait paraît avoir donné de bons résultats, et on peut dire qu'à l'heure actuelle les prescriptions de la législation sur le repos hebdomadaire sont, d'une manière générale, observées par les employeurs assujettis de la Colonie.

Application à l'Algérie des Livres I et II du Code du Travail.

La loi du 28 décembre 1910, qui a codifié les lois ouvrières et a formé le livre Ier du Code du travail et de la prévoyance sociale, disposait, en son article 5, que les textes appliqués à l'Algérie y restaient en vigueur, mais que des décrets rendus sur la proposition du ministre du Travail et des ministres compétents pourraient déterminer les conditions d'application à l'Algérie des dispositions du Code du travail.

C'est ainsi qu'après avis conforme de la Commission consultative du Travail et du Conseil de Gouvernement et sur les propositions du Gouverneur général, un *décret du 19 janvier 1915* a rendu exécutoire en Algérie le livre Ier du Code du travail sous certaines réserves touchant : 1° la création ou le maintien des économats ; 2° les droits applicables à l'enregistrement du contrat d'apprentissage.

La loi du 26 novembre 1912 a codifié également les lois ouvrières et a formé le livre II du Code du travail et de la prévoyance sociale, qui a été appliqué à la Colonie par *deux décrets* portant respectivement les dates des *15 janvier* et *14 février 1921*.

Le livre II, comme le livre Ier, n'a fait que reproduire, selon un plan méthodique, les divers textes réglementant le travail et déjà appliqués à l'Algérie. Leur promulgation n'a donc pas apporté de modifications sensibles au régime antérieurement en vigueur dans ce pays, mais elle a permis à tous les intéressés, patrons et salariés, de prendre connaissance plus facilement de la réglementation à laquelle ils sont soumis et qu'ils ne pouvaient se procurer qu'avec beaucoup de difficultés, attendu qu'il s'agissait de textes abrogés dans la Métropole.

D'autre part, un *décret du 13 novembre 1918* a rendu exécutoire en Algérie la loi du 18 juillet 1917, exonérant du timbre et de l'enregistrement les certificats de travail donnés aux ouvriers, employés ou serviteurs et contenant certaines mentions non prévues par l'article 24 du livre Ier du Code du travail.

En outre, un *décret du 7 juillet 1919* a étendu à la Colonie la loi du 18 octobre 1917, portant modification et codification de la loi du 2 avril 1914 sur la garantie des cautionnements des ouvriers et employés.

Il convient, enfin, de signaler que l'Administration algérienne, conformément à l'avis émis par la Commission consultative du Travail, a soumis au Pouvoir central des propositions en vue d'étendre à l'Algérie la loi du 18 juillet 1915 sur le salaire des ouvrières à domicile dans l'industrie du vêtement.

La Journée de Huit Heures.

La loi du 23 avril 1919 a limité à huit heures la journée de travail effectif. Cette loi a été expressément déclarée applicable à l'Algérie par son article 4.

La journée de huit heures était depuis de longues années réclamée par la classe ouvrière. Elle avait fait l'objet, à la

Chambre, d'une proposition de loi signée de plusieurs députés, lorsque le Gouvernement déposa lui-même un projet dans ce sens, conformément à une clause tendant au même but et proposée par la Commission de Législation internationale de la Conférence de la paix pour être insérée dans le traité de Versailles.

La loi du 23 avril 1919, qui forme les articles 6, 7 et 8 du livre II du Code du travail, pose des principes généraux et laisse à des décrets portant règlement d'administration publique le soin d'en fixer les modalités d'exécution.

Dans la plupart des cas, les intéressés, patrons et ouvriers, n'ont pas attendu la publication de ces règlements et se sont mis d'accord pour appliquer la loi en ce qui concerne leurs professions particulières.

A l'heure actuelle, plusieurs décrets ont été rendus en France en exécution de la loi du 23 avril 1919. En fait, tous ces règlements ont été rédigés après consultation et, le plus souvent, conformément aux propositions des représentants des organisations patronales et ouvrières intéressées, réunies en commissions mixtes.

La diversité extrême des nécessités professionnelles rend ces règlements très complexes. L'uniformité, en pareille matière, ne pouvait être obtenue qu'au détriment de l'équité, ainsi que des intérêts généraux de la production, auxquels doit être subordonnée l'application des lois ouvrières, dans l'intérêt même du salarié et de son employeur.

Dès l'apparition de ces divers décrets, l'Administration algérienne, suivant l'exemple de la Métropole, a consulté sur leur application les organisations locales intéressées, syndicats patronaux et ouvriers, chambres et bourses de commerce, et elle a soumis les résultats de cette enquête, avec ses propositions, à la Commission consultative du Travail et au Conseil de Gouvernement.

Six projets de décrets, ainsi élaborés, ont été envoyés au Pouvoir central pour être soumis à la signature du Président de la République. Ces projets ont pour objet d'étendre respectivement les dispositions de la loi du 23 avril 1919 aux industries algériennes de la préparation des cuirs et peaux, de fabrication de chaussures en gros, aux industries du livre, à la métallurgie et au travail des métaux, aux industries textiles, aux industries du vêtement, ainsi que dans les salons de coiffure et ateliers de confection de postiches.

A ce jour, aucun de ces divers projets n'a encore été sanctionné. Au fur et à mesure que de nouveaux décrets paraîtront en France pour l'application de la loi à d'autres catégories professionnelles, l'extension de ceux-ci à l'Algérie sera mise à l'étude et poursuivie, le cas échéant, dans les mêmes conditions.

Les Groupements professionnels.

La loi du 21 mars 1884 sur les syndicats professionnels a été expressément déclarée applicable à l'Algérie par son article 10.

Cette loi, en faisant disparaître toutes les entraves au libre exercice du droit d'association pour les syndicats professionnels, en supprimant toutes les autorisations préalables et toutes les formalités inutiles, a eu pour conséquence, dans la Colonie comme en France, de faire naître des groupements professionnels dont le nombre est allé croissant au fur et à mesure que se développait l'esprit d'association.

En 1901, c'est-à-dire dix-sept ans après le vote de la loi de 1884, il existait, dans la Colonie, 101 syndicats. Le département d'Alger en comptait 49, celui d'Oran 30 et celui de Constantine 22. Dix ans plus tard, en 1911, le nombre total des groupements professionnels d'Algérie avait plus que doublé : il était de 241, ainsi répartis : Alger 126, Oran 61, Constantine 54. Il y a lieu de remarquer que ce chiffre de 241 comprend 105 syndicats agricoles (1).

Enfin, pour 1921, les chiffres sont les suivants :

Département d'Alger.	203
— d'Oran.	82
— de Constantine.	59
Nombre total.	344

Ces chiffres font ressortir l'extension du mouvement syndical en Algérie.

(1) En 1911, il y avait en Algérie 18,945 « syndiqués ».

La plupart de ces organismes ne sont pas autonomes. Les syndicats ouvriers, en particulier, sont groupés en unions, fédérations, cartels et affiliés souvent à de puissantes organisations syndicales ayant leur siège dans la Métropole, telles que la Fédération des Travailleurs du Livre, la Fédération des Inscrits maritimes, etc.

Une loi récente du 12 mars 1920, applicable à l'Algérie, a étendu sensiblement la capacité civile des syndicats professionnels.

L'application de la loi de 1884 a eu pour effet, en Algérie comme en France, de donner naissance aux syndicats agricoles. Le nombre de ces organisations est déjà considérable et il s'accroît tous les ans. L'action des syndicats agricoles consiste à faciliter à leurs membres l'exploitation de leurs terres par l'achat en commun des matières premières et des instruments.

D'autre part, il existe, en Algérie, trois Bourses du Travail : une à Alger, une à Constantine et une à Bône. La Bourse du Travail d'Oran a été dissoute en 1916.

Le Contrat collectif de Travail.

Un *décret du 7 août 1921* a rendu applicables à l'Algérie les dispositions de la loi du 25 mars 1919 sur le contrat collectif de travail.

La convention collective de travail est un contrat relatif aux conditions du travail arrêtées entre les représentants d'un syndicat professionnel ou de tout autre groupement d'employés et les représentants d'un syndicat professionnel ou de tout autre groupement d'employeurs, ou plusieurs employeurs contractant à titre personnel ou même un simple employeur. Telle est la définition donnée par la loi elle-même.

Le contrat collectif, qui tend à devenir la charte de la profession, est la conséquence de la substitution progressive des groupements aux individus isolés comme facteurs de la production dans la vie économique moderne. En effet, devant cette situation nouvelle, résultant de l'évolution de la société et des conditions du travail, le législateur s'est rendu compte qu'un droit nouveau était nécessaire. Il y a pourvu en faisant voter la loi du 25 mars 1919.

L'usage du contrat collectif de travail, très pratiqué en Angleterre, en Allemagne et aux Etats-Unis, s'est largement répandu en France depuis la guerre. Il est vraisemblable qu'il se généralisera aussi dans la Colonie, y améliorera la condition des travailleurs et constituera un moyen efficace d'empêcher les conflits entre patrons et ouvriers.

La Conciliation et l'Arbitrage.

Les articles 414 et 415 du Code pénal ont réglementé l'exercice du droit de grève, mais pour que les intéressés aient à recourir le moins possible à cette mesure extrême, le législateur, par la loi du 27 décembre 1892, a institué une procédure de conciliation et une procédure d'arbitrage, mises à la disposition des employeurs et des employés en vue de faciliter la solution de leurs différends et de leurs conflits collectifs.

Cette loi a été appliquée à l'Algérie par un décret du 7 septembre 1893. Les procédures spéciales qu'elle institue peuvent être mises en mouvement par les patrons, les ouvriers et, à leur défaut, les juges de paix. Les préfets peuvent aussi contribuer efficacement à les faire entrer dans les mœurs. Il faut dire cependant que l'arbitrage, ainsi organisé, n'est que facultatif : on peut le réclamer ou le repousser en toute indépendance ; la liberté de coalition et de grève demeure entière, sans aucune restriction.

En Algérie, comme en France, la loi de 1892 n'a donné que des résultats modestes. Il serait désirable pourtant que l'usage de ces procédures se généralisât, car il favorise manifestement la solution des grèves par la conciliation, qui apparaît, malgré tout, aussi bien pour les patrons que pour les ouvriers, comme plus avantageuse, plus efficace, meilleure à tous égards, que la lutte à outrance (1).

(1) Il est à signaler que certains syndicats professionnels ouvriers se sont spontanément imposés, par leurs statuts, l'obligation de ne recourir à la grève qu'après avoir épuisé tous les moyens de conciliation.

D'autre part, l'application de cette législation faciliterait le rôle de l'Administration, qui est obligée d'assurer l'ordre public, la sécurité des personnes et la protection de la propriété et de respecter, en même temps, le droit pour les ouvriers de chercher à améliorer leur condition en rompant brusquement et collectivement le contrat de travail.

Les Conseils de Prud'hommes.

Les Conseils de prud'hommes sont chargés de régler, par voie de conciliation, les différends qui peuvent s'élever à l'occasion du contrat de louage d'ouvrage, dans le commerce et l'industrie, entre les patrons ou leurs représentants et les ouvriers employés et apprentis de l'un et de l'autre sexe qu'ils emploient.

Ces tribunaux ne diffèrent pas des juridictions civiles ordinaires ; ils n'ont que des attributions juridiques et n'ont pas qualité pour statuer sur des conflits d'ordre économique.

L'institution, l'organisation et les attributions des Conseils de prud'hommes sont régies, en Algérie comme dans la Métropole, par les lois du 27 mars 1907, du 3 juillet 1919 et du 30 mars 1920.

Toutefois, dans les circonscriptions où la population musulmane le comporte, les Conseils de prud'hommes comprennent des assesseurs musulmans.

Les villes suivantes sont le siège d'un Conseil de prud'hommes : Alger, Oran, Constantine, Bougie, Philippeville, Sidi-bel-Abbès et Mascara.

Les Commissions paritaires des Ports.

Les perturbations profondes qui se sont produites, depuis la guerre, dans les conditions de la production et de la consommation mondiales, le déséquilibre qui en est résulté dans l'application de la loi de l'offre et de la demande et les entraves qui ont été apportées au libre jeu de la concurrence ont entraîné une élévation du prix de toute chose et, par voie de conséquence, une majoration correspondante des frais de main-d'œuvre. Les salaires et le coût de la vie, intimement liés, ont augmenté dans des proportions telles qu'il a été souvent nécessaire de créer des organismes destinés à maintenir, dans la mesure du possible, un certain équilibre entre ces deux facteurs.

La question de la main-d'œuvre dans les ports maritimes, notamment, présente pour l'Algérie une grande importance. La Colonie, en effet, par suite des grèves des dockers, des inscrits maritimes, etc., a vu, à plusieurs reprises, ses relations avec la Métropole interrompues et cet isolement, même momentané, a eu, parfois, des répercussions fâcheuses sur la vie économique du pays.

Pour prévenir ou résoudre, au mieux des intérêts en cause, les conflits de cette nature, une commission paritaire a été constituée dans chaque port offrant une certaine importance.

Ces commissions, composées de patrons et dans lesquelles sont représentées toutes les professions intéressant l'activité du port, ont pour but d'établir les tarifs des salaires par profession ou catégories d'ouvriers. Il leur est adjoint des fonctionnaires, qui peuvent leur apporter des renseignements utiles sur les salaires pratiqués dans les autres professions ou dans les autres ports, ou sur la répercussion que pourraient avoir les tarifs proposés au point de vue du fonctionnement des services publics.

Des commissions ont été créées en 1920, par arrêtés préfectoraux, dans les ports d'Alger, Bône, Bougie et Philippeville.

Les Accidents du Travail.

La loi métropolitaine du 9 avril 1898, sur la responsabilité des accidents dont les ouvriers peuvent être victimes dans leur travail, prévoyait qu'un règlement d'administration publique déterminerait les conditions de son application à l'Algérie. Le Conseil d'Etat n'approuva point le projet de décret qui lui fut soumis ; il estima que les modifications demandées excédaient les limites de la délégation consentie par le Parlement au pouvoir exécutif et ne pouvaient être consacrées que par une loi. Un projet fut donc préparé par le Gouvernement et déposé sur le bureau de la Chambre en 1906 ; il ne fut voté qu'en 1919.

Promulguée le *25 septembre 1919*, la loi étendant à l'Algérie la législation sur les accidents du travail est entrée en application le 1er janvier 1921.

Antérieurement à cette date, les responsabilités pécuniaires encourues en Algérie à l'occasion d'accidents du travail étaient uniquement régies par les articles 1382 et suivants du Code civil, qui forment le droit commun en matière de responsabilité civile. Depuis le 1er janvier 1921, le chef d'une entreprise assujettie à la législation spéciale est, en vertu du principe du risque professionnel, responsable de plein droit des accidents survenus par le fait ou à l'occasion du travail effectué pour son compte par ses employés et ouvriers salariés. Il doit payer à la victime une indemnité, qui est établie à forfait et qui a le salaire pour base.

La théorie du *risque professionnel* fait disparaître l'idée de faute ; elle considère que tout accident du travail, à quelque cause qu'il soit dû, doit être attribué au travail lui-même, qu'il doit peser sur le prix de revient et par suite sur le patron, au même titre que les frais généraux. Cette théorie se justifie par les conditions modernes du travail.

La loi du 25 septembre 1919 a rendu applicable à la Colonie toute la législation métropolitaine antérieure, sous réserve d'un certain nombre de modifications dont les plus importantes sont indiquées ci-après:

Quand l'indigène, victime d'un accident, est polygame, la rente viagère due au conjoint survivant est partagée également et définitivement entre les veuves. La preuve du mariage des musulmans doit être fournie conformément à leur statut personnel. D'autre part, si l'indigène musulman n'est pas naturalisé, il ne peut se prévaloir des dispositions légales autorisant la reversibilité d'une partie de la rente viagère sur la tête du conjoint, comme le prévoit l'article 9, § 2, de la loi de 1898.

Les déclarations d'accidents, au lieu d'être faites aux maires, sont adressées aux juges de paix.

Il est enfin créé un fonds spécial de garantie, distinct de celui de la Métropole et destiné à assurer, à défaut des chefs d'établissements, sociétés d'assurances ou syndicats de garantie qui en sont débiteurs et sauf répétition contre eux, le paiement aux victimes d'accidents du travail en Algérie des rentes qui leur ont été attribuées.

De plus, des textes complémentaires, décrets du Président de la République ou arrêtés du Gouverneur général, ont été rendus pour l'exécution des prescriptions concernant : l'approbation des statuts-types des syndicats de garantie *(décret du 22 avril 1920)* ; la contribution au fonds de garantie des exploitations non soumises à l'impôt des patentes *(22 avril 1920)* ; la cessation d'une industrie *(22 avril 1920)* ; le paiement des indemnités, le recouvrement des avances de la Caisse des retraites et l'organisation du fonds de garantie *(22 avril 1920)* ; la déclaration des maladies d'origine professionnelle *(8 juillet 1920)* ; les modèles de déclaration aux juges de paix *(22 juillet 1920)* ; les émoluments des juges de paix, greffiers et officiers ministériels *(5 août 1920)* ; l'alimentation du fonds spécial de garantie *(5 septembre 1920)* ; le tarif des frais d'hospitalisation *(arrêté du 17 septembre 1920)* ; l'alimentation du fonds de prévoyance des blessés de guerre *(décret du 12 janvier 1921)* ; le remboursement des frais médicaux *(arrêté du 25 janvier 1921)* ; le remboursement des frais pharmaceutiques *(arrêté du 13 février 1922)* (1).

Régime particulier des Mutilés de guerre.

La loi du 25 novembre 1916, également appliquée à la Colonie par celle du 25 septembre 1919, a prévu un régime particu-

(1) Ces divers textes, antérieurs à février 1921, ont été rassemblés dans une brochure éditée par les soins du Gouvernement général (Service du Travail) et portant pour titre : *La Législation des accidents du travail en Algérie.*

lier en ce qui concerne les pensions à servir aux mutilés de la guerre victimes d'accidents du travail.

Toutes les fois qu'un ouvrier ou employé, atteint d'une infirmité de guerre, est victime d'un accident du travail entraînant soit une incapacité permanente, soit la mort, l'ordonnance du président ou le jugement du tribunal qui fixe le montant de la rente à lui allouer doit indiquer expressément : 1° si l'accident a eu pour cause exclusive l'infirmité de guerre préexistante ; 2° si la réduction permanente de capacité résultant de l'accident a été aggravée par le fait de cette infirmité et dans quelle proportion. Dans le premier cas, le chef d'entreprise est exonéré de la totalité des rentes allouées à la victime ou à ses ayants droit et, dans le second cas, de la quotité des dites rentes correspondant à l'aggravation ainsi déterminée.

La loi, afin d'exonérer les chefs d'entreprises de la totalité ou d'une portion de la rente mise à leur charge, a institué un fonds spécial de prévoyance dit « des blessés de guerre », dont les conditions d'organisation et de fonctionnement ont été déterminées par le décret du 2 janvier 1917. Un décret du *12 janvier 1921* a fixé, pour l'Algérie, les taxes à percevoir pour l'alimentation de ce fonds.

Les maladies d'origine professionnelle.

La loi du 25 octobre 1919 a étendu la législation des accidents du travail aux maladies d'origine professionnelle. L'ouvrier atteint d'une maladie visée par cette loi peut invoquer le bénéfice du risque professionnel. Un *décret du 8 juillet 1920* a fixé les modalités de déclaration des maladies d'origine professionnelle.

Les Institutions Sociales.

Les Habitations à Bon Marché.

La législation relative aux habitations à bon marché et à la petite propriété est la même, en Algérie, qu'en France.

La *loi organique du 30 novembre 1894* a été expressément déclarée applicable à l'Algérie par son article 16 ; par conséquent, tous les textes qui l'ont complétée ou modifiée sont devenus, en vertu d'une jurisprudence constante, exécutoires *de plano* dans ce pays.

Il en résulte que les Comités départementaux de patronage. les Offices publics, les Sociétés d'habitations à bon marché et les Sociétés de crédit immobilier d'Algérie sont régis de la même façon que les organismes similaires de la Métropole.

Pendant la guerre, l'œuvre des habitations à bon marché s'est trouvée à peu près complètement arrêtée dans son développement. On pouvait espérer qu'elle reprendrait son essor à la fin des hostilités, mais la cherté des matériaux de construction a rendu très difficile jusqu'ici la construction de maisons de ce genre.

Cependant, pour seconder les initiatives privées en vue de l'édification d'habitations à bon marché et remédier ainsi à la crise du logement, le Parlement a relevé les maxima des valeurs locatives et l'Administration algérienne a fait augmenter les crédits consacrés à la souscription d'avances et de participations ainsi qu'à l'attribution de subventions aux sociétés.

Indépendamment d'un crédit de 200,000 francs, qui figure au budget spécial des versements de la Banque de l'Algérie pour « avances et participations aux sociétés d'habitations à bon marché », un crédit de 225,000 francs a été inscrit à la section VIII (Agriculture, Commerce et Colonisation) du budget général, sous la rubrique « encouragements à l'œuvre des habitations à bon marché ».

D'autre part, un chapitre nouveau a été ouvert à la section XI du budget général (Dépenses extraordinaires) et a reçu une dotation de deux millions pour avances aux Sociétés et aux Offices publics d'habitations à bon marché, gagée au moyen des fonds du compte provisionnel constitué par la contribution extraordinaire sur les bénéfices de guerre.

En conséquence, l'Administration algérienne dispose, au titre de l'exercice 1922, d'une somme totale, pour encouragements à l'œuvre des habitations à bon marché, de 2,425,000 fr. Le crédit global prévu pour le même objet n'était, en 1921, que de 165,000 francs.

Au cours des premiers mois de 1922, de nombreuses Sociétés d'habitations à bon marché se sont constituées en Algérie. Elles ont créé une Fédération, dont le siège est à Alger.

La Commission consultative des Habitations à Bon Marché.

La *Commission consultative des habitations à bon marché*, créée par *arrêté du 20 mars 1922*, est placée sous la présidence du Gouverneur général de l'Algérie et siège à Alger.

Cette assemblée est chargée d'émettre un avis autorisé sur toutes les questions concernant les logements populaires, les jardins ouvriers, les bains-douches à bon marché, etc... ; de faire toutes suggestions sur les mesures qui lui paraîtraient de nature à porter remède à la crise du logement ; d'examiner les propositions formulées par les Comités départementaux de patronage des habitations à bon marché et de donner, enfin, son avis sur la répartition des crédits prévus au budget de la Colonie et au budget spécial des avances et redevances de la Banque de l'Algérie pour favoriser le développement et l'amélioration du logement populaire.

La Commission consultative des habitations à bon marché comprend dix-neuf membres. Elle doit se réunir au moins une fois par an en session ordinaire, mais le Gouverneur général peut également la convoquer en session extraordinaire chaque fois qu'il le juge utile.

Les Coopératives de Consommation.

Le développement des Coopératives de consommation, en Algérie, est de date récente. La diffusion de l'idée de coopération rencontra de nombreux obstacles. Les uns se retrouvent dans tous les pays : difficulté de convaincre le consommateur de son véritable intérêt, hostilité des commerçants, manque de préparation suffisante des membres et des directeurs des groupements coopératifs.

D'autres sont particulières à la Colonie. L'idée de coopération n'a pas encore pénétré dans les milieux indigènes ; quant à la population européenne, elle est, en majeure partie, agricole et rurale. Ce double caractère et la difficulté des moyens de communication s'opposent à la propagation du mouvement coopératif et à la fusion des Sociétés coopératives créées dans les communes de l'intérieur.

C'est la guerre qui a permis aux Coopératives de consommation de prendre un développement imprévu. Elles ont joué un rôle de régulateur des prix au moment où le coût de la vie était à son maximum et où l'équilibre économique était rompu par suite de circonstances dues à la guerre.

Il en résulte que l'augmentation du nombre des Coopératives fut particulièrement marquée entre les années 1917 et 1920.

Il existait, en Algérie, 10 Coopératives de consommation en 1911, 22 en 1917 et 65 en 1921. Le nombre des sociétaires, qui était de 2,347 en 1911, s'élevait à 45,660 en 1919.

On doit également signaler la progression considérable du chiffre d'affaires traitées par les Sociétés coopératives de consommation.

En 1911, les Coopératives du département d'Alger partageaient 13,195 francs de bénéfice entre 742 sociétaires. En 1920, leur chiffre d'affaires s'élevait approximativement à 13 millions 600,000 francs.

Pour le département d'Oran, le chiffre d'affaires s'est élevé dans la même période, de 285,000 francs à 5,300,000 francs, et, pour celui de Constantine, de 300,000 francs à 8,000,000 de francs.

Au cours de l'année 1921, le mouvement coopératif s'est ressenti des effets de la crise économique et a marqué une légère régression.

En vue de favoriser le développement des Coopératives de consommation en Algérie, l'Administration a institué et organisé le crédit aux dites coopératives dans des conditions analogues à celles fixées par la loi du 7 mai 1917 pour les coopératives de la Métropole.

Un *arrêté du Gouverneur général en date du 16 mars 1918* a réglementé les conditions dans lesquelles sont accordées des avances remboursables aux Sociétés et unions de Sociétés coopératives de consommation.

Le taux d'intérêt de ces avances est fixé à 2 % et ne doit pas dépasser la moitié de l'actif net dont peut justifier la Société emprunteuse. Cette réglementation vient d'être consacrée par un *décret du 12 avril 1922,* qui en reproduit les dispositions.

Le montant global des avances consenties aux Sociétés coopératives, depuis le 16 mars 1918 jusqu'au 31 décembre 1921, est de 395,000 francs.

Au cours de l'année 1921, des avances remboursables à un an d'échéance furent accordées aux Coopératives dont la trésorerie était momentanément gênée par la baisse du prix des marchandises.

Indépendamment de ce concours financier, l'Administration a utilement secondé, pendant la guerre, l'effort des Coopératives de consommation, en facilitant, dans une large mesure, leurs approvisionnements pour certaines denrées de première nécessité.

Ce bref aperçu permet de se rendre compte de l'extension rapide du mouvement coopératif en Algérie au cours de ces dernières années.

Un examen impartial oblige, toutefois, à se demander si l'idée coopérative, née de la guerre, a des racines profondes dans la Colonie. N'est-elle pas due plutôt à des nécessités momentanées qu'à des besoins réels et permanents de la collectivité ? La crise économique qui a sévi au cours de l'année 1921 a mis en évidence les défauts et les faiblesses du mouvement coopératif en Algérie qui sont : 1° la tendance à l'éparpillement et au particularisme ; 2° l'inconstance des coopérateurs ; 3° la confiance, peut-être excessive, dans l'aide de l'Etat.

Le mouvement coopératif ne peut rester stationnaire ; il doit se développer ou disparaître. Il ne pourra s'étendre qu'en se concentrant et en se disciplinant.

L'abondante éclosion de sociétés coopératives de coopération qui s'est produite, grâce au dévouement d'hommes à l'esprit novateur, est due surtout à des initiatives dispersées. Mais aucune Union de Sociétés coopératives n'existe encore dans la Colonie ; on n'y rencontre ni magasins de gros, ni coopératives d'achats.

Il faut espérer que les Sociétés coopératives comprendront la nécessité vitale où elles se trouvent de fusionner et de s'organiser comme des sociétés commerciales à succursales multiples.

Faute de coordination et de concentration de leurs efforts, elles risqueraient de succomber dans la lutte qu'elles ont entreprise contre les organisations commerciales beaucoup plus souples et plus actives.

Les Sociétés coopératives ouvrières de production et le Crédit au Travail.

La loi du 18 décembre 1915, complétée par la loi du 5 avril 1919 et le décret du 28 juillet 1916, a réglementé la constitution : 1° des Sociétés coopératives de production ayant pour but l'exercice en commun de la profession des associés pour l'entreprise des travaux ou la vente d'objets fabriqués ou travaillés par eux ou produits par leur exploitation ; 2° des Sociétés coopératives ouvrières se proposant de faire des opérations de crédit, soit avec leurs associés, soit avec d'autres sociétés coopératives. Elle prévoit, en outre, l'organisation de banques coopératives ouvrières destinées uniquement à venir en aide à ces sociétés.

La coopération économique s'imposant en Algérie avec la même force que dans la Métropole, un *décret du 7 mai 1921* a étendu à la Colonie les dispositions législatives dont il s'agit. Ce décret n'apporte aux textes susvisés que des modifications de détail relatives : 1° aux attributions conférées dans la

Métropole au ministre de l'Hygiène, de l'Assistance et de la Prévoyance sociales et au ministre des Finances, et qui sont exercées en Algérie par le Gouverneur général ; 2° à la constitution de la Commission prévue par l'article 13 de la loi et chargée de répartir les encouragements alloués aux Sociétés coopératives ouvrières de production ; 3° aux subventions et avances à consentir à ces associations et qui seront prélevées, d'une part, sur les crédits ouverts pour cet objet au budget de la Colonie ; d'autre part, sur la partie des avances de la Banque de l'Algérie réservée à cet effet.

Un crédit de 52,000 francs est actuellement inscrit au budget général (chap. 48, art. 1er, section VIII) de l'exercice 1922, sous la rubrique « subventions et avances aux Sociétés ouvrières de production et de crédit ».

D'autre part, la loi du 5 avril 1921, portant affectation des sommes à provenir de la redevance annuelle, ainsi que du supplément d'avances que la Banque de l'Algérie doit verser à l'Etat en vertu de la loi du 29 décembre 1918, dispose qu'une somme de 4,500,000 francs sera attribuée, à titre d'avances et dans certaines conditions, à diverses œuvres de prévoyance sociale, parmi lesquelles figurent les Sociétés ouvrières de production et de crédit au travail.

Un *décret du 13 juin 1921* a homologué la décision des délégations financières ayant pour objet de rendre applicables à l'Algérie les dispositions d'ordre fiscal contenues dans les articles 6 et 10 de la loi du 18 décembre 1915, savoir : exemption de l'impôt sur le revenu des valeurs mobilières constituées en vertu des dispositions de la loi et soumission au seul timbre de dimension des certificats de parts non négociables.

La Commission spéciale chargée de donner son avis sur la répartiton des encouragements aux Sociétés coopératives ouvrières de production et de crédit est présidée par le Gouverneur général. Elle comprend des fonctionnaires, trois délégués financiers, un membre du Conseil supérieur et six représentants des Sociétés ouvrières de production et de crédit.

Il n'existe, à l'heure actuelle, en Algérie, que deux Sociétés coopératives ouvrières de production.

Les Sociétés anonymes à participation ouvrière.

Une loi du 26 avril 1917, complétant la loi du 24 juillet 1867 sur les sociétés par action, a créé, à côté des cinq formes de société déjà prévues par le Code de Commerce, une forme nouvelle de société : *la Société anonyme à participation ouvrière.*

En votant cette loi, le législateur a voulu permettre à l'ouvrier de s'élever de la condition de simple salarié à celle d'associé de l'entrepreneur et rendre ainsi plus rares les conflits entre le capital et le travail. Il s'agit là d'une véritable expérience sociale.

Pour atteindre ce but, le législateur a donné à toute société anonyme la faculté d'attribuer au personnel salarié pris collectivement une part dans les bénéfices et dans l'administration de la société.

Dans ce nouvel organisme, le travail étant considéré comme un facteur de production aussi nécessaire que le capital, la loi nouvelle crée *l'Action de travail* et la *Société coopérative de main-d'œuvre.*

Les actions de travail sont des titres constatant un véritable droit d'associé et comportant une part dans les bénéfices, distribués ou réservés, et l'accès à l'assemblée générale de la société anonyme. Les actions de travail sont *collectives, nominatives* (au nom de la collectivité) et *inaliénables.*

Les actions de capital, par contre, jouissent de deux privilèges qui leur sont obligatoirement reconnus par les statuts. Ce sont, d'abord, le prélèvement, avant toute distribution de dividende, d'un intérêt au taux statutaire à servir au capital versé — c'est le loyer du capital faisant compensation au salaire, loyer du travail — ensuite, l'amortissement intégral, avant tout partage de l'actif, des actions de capital.

Au bout d'un an de fonctionnement de la société, les actions de travail sont remises gratuitement à la collectivité des salariés, constitués en coopérative de main-d'œuvre.

Cette dernière organisation comprend le personnel de tout grade ; son organe est *l'assemblée générale coopérative* et son rôle consiste : 1° à effectuer la répartition entre ses membres des dividendes à attribuer aux actions de travail et, en cas de dissolution, la répartition de l'actif revenant aux actions de travail ; 2° à assurer la représentation du personnel salarié aux assemblées générales de la société anonyme.

La loi prévoit l'entrée dans le Conseil d'administration de la société d'un ou plusieurs membres de la coopérative de main-d'œuvre : c'est la participation ouvrière à la gestion de l'entreprise.

Pour encourager les sociétés anonymes à adopter cette modalité, la loi accorde à celles qui l'auront introduite dans leurs statuts, soit à leur fondation, soit au cours de leur fonctionnement, certaines exonérations fiscales.

La loi du 26 avril 1917 a été rendue applicable à l'Algérie par les *décrets des 13 novembre 1918 et 14 mars 1919.*

Le Crédit au petit commerce et à la petite industrie.

Le manque de capitaux est une des principales causes de l'état d'infériorité où se trouve la petite industrie. Il est, en effet, difficile à un ouvrier, à un petit patron ou à un petit commerçant qui veut s'établir ou simplement assurer la bonne marche ou le développement de ses affaires, de se procurer les sommes indispensables à la réalisation de ses projets, si ce n'est à des conditions trop souvent usuraires.

C'est afin de remédier à cette situation que, dans la Métropole, sont intervenues les lois des 13 mars 1917 et 24 octobre 1919. La première de ces lois a organisé *le crédit au petit et moyen commerce, à la petite et moyenne industrie ;* la seconde en a élargi les dispositions en faveur des *petits commerçants et des petits industriels démobilisés.* Ces lois ont été rendues applicables à l'Algérie par deux décrets en date du *12 mai 1921.*

Par ces dispositions, le législateur a voulu permettre au commerçant, travailleur et honnête, de se procurer le crédit nécessaire soit pour son installation, soit pour l'amélioration de son outillage ou le développement de son entreprise.

La loi du 13 mars 1917 prévoit, à cet effet, la création de deux organismes nouveaux : la *Société de caution mutuelle* et la *Banque populaire.*

En vue de favoriser la création de banques populaires en Algérie, la loi du 5 avril 1921, portant affectation des avances et redevances de la Banque de l'Algérie, a réservé, sur le montant de l'avance de 18 millions que cet établissement s'est engagé à mettre à la disposition de la Colonie, une somme de 4,500,000 francs pour être attribuée, en partie, à titre d'avances, aux banques populaires qui viendraient à se créer.

Ces avances sont consenties sur l'avis d'une Commission spéciale instituée par arrêté du 2 juin 1921 et composée de fonctionnaires et de personnalités du monde économique.

L'Administration s'est efforcée, en intervenant auprès des Chambres de Commerce et de divers établissements financiers et en répandant, par la voie de la presse, l'idée de coopération et de mutualité économique, de stimuler les initiatives individuelles ; mais aucune société de caution mutuelle, aucune banque populaire ne fonctionne encore, à l'heure actuelle, en Algérie.

Les Institutions en faveur des Mutilés, Réformés et Veuves de guerre.

En vue de faire bénéficier les Mutilés et Réformés algériens des avantages que la loi du 2 janvier 1918, instituant l'Office national des Mutilés et Réformés de guerre et organisant la rééducation professionnelle, réserve à leurs camarades de la Métropole, l'Administration s'est préoccupée de faire étendre cette loi à l'Algérie.

Deux *décrets en date du 23 septembre 1919* en ont déterminé les conditions d'application à la Colonie. Ces textes prévoient, notamment, dans chaque département, la création d'un Comité départemental, qui est composé, avec le Préfet comme président de droit, de membres européens et de membres indigènes nommés par le Préfet, sur l'avis du Conseil général du département et du Comité d'administration de l'Office national et après approbation du Gouverneur général.

Un *décret du 2 septembre 1921*, complété par l'arrêté du

Gouverneur général en date du 28 décembre 1921, réglementant la forme des élections, a modifié la composition des dits Comités, conformément aux dispositions du *décret du 12 octobre 1920,* qui attribue aux membres élus des Mutilés et Réformés de guerre la moitié des sièges.

Les Comités départementaux d'Alger, d'Oran et de Constantine, créés par décrets des 13 juin, 17 juin et 6 octobre 1920, ont fonctionné normalement pendant l'année 1921, et ont contribué efficacement à la défense des intérêts matériels et moraux des invalides de la guerre (rééducation, apprentissage, placement, secours, prêts, hospitalisations, etc.).

Du Comité départemental d'Alger dépend *l'Ecole de rééducation professionnelle de l'Afrique du Nord,* sise à Kouba, près d'Alger, et dont le Comité de patronage est placé sous la présidence du Préfet.

Le centre de rééducation de Kouba est installé dans le domaine de l'ancien grand séminaire, qui comprend de vastes locaux, un vignoble et des terres de culture d'une superficie totale de 12 hectares. Les pensionnaires sont logés dans des conditions exceptionnelles de confort et de salubrité. Les métiers les plus divers sont enseignés aux mutilés et réformés, européens et indigènes.

Le nombre des élèves admis, depuis la création du centre jusqu'au 31 décembre 1921, a été de 1,391. Le nombre des admissions annuelles a été le suivant :

Année 1916, 65 ; 1917, 483 ; 1918, 302 ; 1919, 219 ; 1920, 212 ; 1921, 110.

Les Fonds de chômage et le Placement public.

Parmi les nombreux risques auxquels sont soumis les ouvriers, le chômage est un de ceux dont la société a le devoir de se préoccuper tout particulièrement, car il est dû à des causes économiques et collectives qui pèsent plus lourdement sur la classe des salariés que sur toute autre.

Pour en atténuer les conséquences funestes, dans la période de crise économique que nous traversons, certaines municipalités d'Algérie, en particulier celle d'Alger, ont créé des caisses de chômage, alimentées principalement par des fonds communaux et départementaux.

La Colonie s'est efforcée de seconder ces œuvres d'assistance aux chômeurs et a alloué, au cours de l'année 1921, une subvention globale de 50,000 francs à la Caisse municipale de chômage d'Alger.

D'autre part, le placement public, en Algérie, a été organisé méthodiquement et sur les mêmes bases que dans la Métropole. Il fonctionne tant en faveur des artisans des villes que des ouvriers ruraux.

Les Offices publics départementaux et municipaux de placement gratuit d'Alger et d'Oran, les Offices existant à l'Hôtel de Ville et à la Bourse de Travail de Constantine, complètent et coordonnent l'action exercée par les bureaux de placement communaux, dont la création est obligatoire dans les villes de plus de 10,000 habitants.

Ces organismes fournissent, en outre, des renseignements précieux sur les besoins de la main-d'œuvre en Algérie et permettent de régulariser l'immigration des ouvriers étrangers dans la Colonie.

TABLE DES MATIÈRES

Pages.

TITRE I

Les Lois ouvrières et la Réglementation du Travail.

TITRE II

Les Institutions sociales.

www.ingramcontent.com/pod-product-compliance
Ingram Content Group UK Ltd.
Pitfield, Milton Keynes, MK11 3LW, UK
UKHW020518180726
13839UKWH00005B/2163

9 782329 086460